AF298257

23 Dec. 1837

NOTICE

DES

PLUS BEAUX LIVRES

DE LA BIBLIOTHÈQUE

DE M. CRAPELET, IMPRIMEUR;

LA PLUPART EN GRAND PAPIER,

SPLENDIDEMENT RELIÉS,

AVEC ORNEMENT PARTICULIER,

Dont la Vente se fera le mardi 19 décembre 1837, et jours suivans, à 6 heures et demie du soir, rue des Bons-Enfans, n° 30, MAISON SILVESTRE, Salle du premier.

Les adjudications seront faites par M⁺ Gißé, commissaire-priseur, rue Vivienne, n° 15.

Se distribue A PARIS,

CHEZ SILVESTRE, LIBRAIRE,

RUE DES BONS-ENFANS, N° 30.

1837.

ORDRE DES VACATIONS.

1re *Vacation, mardi* 19 *décembre* 1837.

Sciences et Arts .... n°s 20 à 37
Histoire............................ 226—247
Théologie .... 1— 16
Belles-Lettres..................... 55— 65

2e *Vacation, mercredi* 20.

Jurisprudence .... 17— 19
Sciences et Arts................... 38— 54
Histoire........................... 201—225
Belles-Lettres..................... 66— 82
—————— .... 165—169

3e *Vacation, jeudi* 21.

Belles-Lettres .... 133—154
Histoire........................... 248—278
Belles-Lettres .... 178—191

4^e *Vacation, vendredi* 22.

Belles-Lettres .... 155—164
Histoire .... 270—296
Belles-Lettres .... 83—121

5e *Vacation, samedi* 23.

Belles-Lettres..................... 192—200
Histoire........................... 297—337
Belles-Lettres..................... 122—132
—————— .... 170—177

AVIS.

On pourra voir et collationner les Livres le jour de chaque vacation, depuis une heure jusqu'à trois.

Les acquéreurs paieront, en sus du prix d'adjudication, cinq centimes par franc, applicables aux frais.

AVERTISSEMENT.

———

LA plupart des ouvrages dont se compose cette Notice, se recommandent aux Amateurs de beaux livres, par certaines particularités sur lesquelles nous appelons leur attention ; entre autres celle des Médailles serties dans un cercle doré, sur la couverture des volumes, qui ont paru l'un des ornemens de reliure le mieux appropriés à nos auteurs de premier ordre.

Plusieurs de ces ouvrages, en Grand Papier Vélin, ou sur VÉLIN, n'ont été imprimés qu'à *deux exemplaires,* et l'un de ces *deux* exemplaires ayant été placé dans des Bibliothéques publiques ou à l'étranger, indépendamment de leur rareté absolue, il est difficile qu'ils reparaissent dans les ventes. Nous nous bornerons à indiquer les articles suivans, qui sont de nature à figurer dans les plus riches bibliothéques.

Dans la *Théologie :* le n° 9, la Sainte-Bible, en latin et en français, 13 vol. Gr. Pap. Vél. avec les eaux-fortes.

Dans les *Sciences et Arts :* le n° 25, Essais de Montaigne, 5 vol. Gr. Pap. Vél., avec la Médaille ; le n° 9, Maximes de La Rochefoucauld, gr. in-8, sur VÉLIN (peau de veau) ; le n° 32, Cicéron, de

Republica, sur Vélin; le n° 40, les Roses, par Redouté, 3 vol. in-4.

Dans les *Belles-Lettres* : le n° 63, OEuvres de Cicéron, 30 vol. Gr. Pap. Vél.; le n° 65, Oraisons funèbres de Bossuet, Fléchier, etc., 4 vol. Gr. Pap. Vél.; le n° 85, le Roman de Rou, et des Ducs de Normandie, et supplément, 3 vol. Gr. Pap. Vél., fig. peintes en or et en couleurs; le n° 105, OEuvres de Delille, 16 vol. Gr. Pap. Vél.; le n° 166, OEuvres de Lafontaine, 8 vol. Gr. Pap. Vél., avec la médaille; le n° 167, OEuvres de Fénelon, 12 vol. Gr. Pap. Vél., l'un des deux exemplaires de cette seule édit. en Gr. Pap.; le n° 172, OEuvres de Voltaire, 66 vol. fig. avant la lettre, Gr. Pap. Vél. avec 8 médailles; le n° 174, OEuvres de J. J. Rousseau, fig. avant la lettre, et eaux-fortes, 22 vol. Gr. Pap. Vél. avec la médaille, etc., etc.

Dans l'*Histoire* : l'Histoire générale des Voyages, 24 vol. Gr. Pap. Vél., l'un des *deux* exemplaires de cette seule édit. en Gr. Pap.; le n° 337, les Bois de 24 figures pour le Gil Blas, chef-d'œuvre de gravure sur bois, dont il n'a été imprimé qu'un seul exemplaire d'épreuves, etc., etc.

NOTICE

DES

PLUS BEAUX LIVRES

DE LA BIBLIOTHÉQUE

DE M. CRAPELET.

~~~~~~

THÉOLOGIE.

1. HERMÉNEUTIQUE SACRÉE, ou Introduction à l'Écriture Sainte, par Hermann Janssens, trad. du latin par J. J. Pacaud. *Paris,* Blaise, 1833, in-8, 3 v. br.

2. — Le même ouvrage. *Paris,* Blaise, 1833, in-12, 3 vol. br.

3. La Sainte Bible, en latin et en françois, suivie d'un Dictionnaire étymologique, géographique et archéologique. *Paris,* Lefèvre, 1828-1834, in-8, 13 vol. Gr. Pap. Vél. avec trois suites de gravures, eaux-fortes, avant la lettre, et sur papier de Chine, demi-rel. d. de mar. violet, tr. sup. dor. fil. *Kœlher.*
Magnifique exemplaire, l'un des *douze* avec les eaux-fortes.

4. De l'ouvrage précédent le tome 13 (Table et Dictionnaire étymologique, géographique et archéologique). *Paris,* Lefèvre, 1834, in-8, Gr. Pap. Vél. demi-rel. v. f.

5. Psalterium Davidis, ad exemplar Vaticanum anni 1592. *Lugduni,* Joh. et Dan. Elsevier, 1653, pet.

<div align="right">I</div>
~~~~~~

in-12, mar. bleu, dent. doublé de moire dent. tr. dor. *Bozerian.*

6. Les Saints Évangiles, traduits de la Vulgate par M. l'abbé Dassance. Illustrés par MM. Tony Johannot, Cavelier, Gérard, Seguin et Brevière. *Paris*, Curmer, gr. in-8, 2 vol. fig. avec encadrement de vignette, et frontispice colorié, mar. bleu, non rogn.

7. Livre d'Heures. 1532, pet. in-12, v. br.

Manuscrit sur Vélin, avec miniatures et bordures peintes en or et en couleurs.

8. Messe pour les jours solennels et anniversaires de la Confédération des Français, célébrée pour la première fois le 14 juillet 1790, et rédigée par M. de Saint-Martin, aumônier-général de la garde nationale ; avec le fac-simile de la délibération des membres de la commune et leurs signatures. *Paris*, 1832, in-8, Pap. Vél. blanc, bleu et rouge, v. r. fil. *Kœlher.*

Il n'a été tiré que *deux* exemplaires sur papier des trois couleurs.

9. — La même Messe pour les jours solennels et anniversaires de la Confédération des Français. In-8, Papier Vélin violet, v. violet, fil. *Kœlher.*

Il n'y a que *deux* exemplaires sur ce papier.

10. OEuvres de saint François de Sales. *Paris*, J. J. Blaise, 1833-34, in-8, 18 vol. portr. Pap. Vél. cart. à la *Bradel*, non rogn.

11. L'Esprit de saint François de Sales, par M. P. Collot. *Paris*, Blaise, 1834, in-8, br. = Panégyriques de saint François de Sales, avec un opuscule inédit. *Paris*, 1834, in-8, br.

12. Histoire de la Passion de Jésus-Christ, composée en 1490 par le R. P. Olivier Maillard, publiée en 1828, comme monument de la langue françoise au xv⁰ siècle, par G. Peignot. *Paris*, Crapelet, 1828, gr. in-8, Pap. Vél. br. en cart.

13. Imitation de Jésus-Christ, traduction de M. l'abbé

Dassance. *Paris*, Curmer, gr. in-8, fig. avec encadrement, et frontispice colorié, demi-rel. mar. r.

14. Les Pensées de Pascal. *Paris*, 1836, in-8, br.

15. Mélanges religieux, par mademoiselle Natalie P***; seconde édition. *Paris*, Ad. Leclere, in-8, port. br. = Vie de saint François de Sales. *Paris*, Blaise, 1832, in-8, portr. br.

16. Lois de Manou, contenant les institutions religieuses et civiles des Indiens, trad. du sanscrit par A. Loiseleur-Deslonchamps. *Paris*, 1833, gr. in-8, br.

JURISPRUDENCE.

17. Observations sur un livre intitulé : De l'Esprit des Lois (par Cl. Dupin). *Paris*, Guérin et Delatour, 1757-58, in-8, 3 vol. mar. r. fil. tr. dor. *Derome*.

Ouvrage très rare, dont on ne connaît que trois ou quatre exemplaires.

18. Législation civile, commerciale et criminelle de la France, ou Commentaire et complément des Codes français, par M. le baron Locré. *Paris*, Treuttel et Würtz, 1827-1832, in-8, 31 vol. Pap. Vél. demi-rel. d. de v. vert.

19. Le livre des Récompenses et des Peines, en chinois et en français; accompagné de quatre cents légendes, anecdotes et histoires qui font connaître les doctrines, les croyances et les mœurs de la secte des Tao-ssé, traduit du chinois par Stanislas Julien. *Paris*, printed for the Oriental Translation found of Great Britain and Ireland, 1835, in-8, Gr. Pap. Vél. demi-rel. d. de v. fauve, fers à froid.

SCIENCES ET ARTS.

20. **A** Dictionary of general Knowledge, or an Explanation of words and things connected with all the arts and sciences, by G. Crabb. *London*, Th. Fegg, 1831, in-8, avec un grand nombre de gravures en bois, cart. à l'anglaise.

21. OEuvres complètes d'Helvétius. *Paris*, 1818, in-8, 3 vol. Pap. Vél. v. vert à losanges, tr. dor.

Il n'a été tiré que *deux* exempl. Pap. Vél. L'un des deux est incomplet d'un volume.

22. Histoire de la Démonologie et de la Sorcellerie, trad. de l'anglais de Walter Scott. *Paris*, 1832, in-12, 2 vol. br.

23. Déontologie ou Science de la morale, par Jérémie Bentham. *Paris*, 1834, in-8, 2 vol. br.

24. Les Morales d'Épictète, de Socrate, de Plutarque et de Senèque, traduites en françois (par J. Desmarets de Saint-Sorlin) au château de Richelieu. De l'imprimerie d'Est. Migon, 1653, pet. in-8, mar. cit. dent. doublé de tabis, mors de mar. tr. dor. *Bozerian*.

Avec les portraits de Senèque et de Socrate, ajoutés.

25. Essais de Montaigne. *Paris*, Lefèvre (de l'imprimerie de Crapelet), 1818, in-8, portrait, 5 vol. Gr. Pap. Vél. mar. r. dent. fil. doublé de moire viol. dent. mors de mar. tr. dor.

Avec la médaille de Montaigne, sertie sur le plat du premier volume, dans un cercle de vermeil. Très bel exemplaire.

26. Essais de Montaigne, avec les notes de tous les commentateurs, édit. publiée par J.-V. Le Clerc. *Paris*, Lefèvre, 1826, in-8, portr. 5 vol. Pap. Vél. br.

27. De la Sagesse, livres trois, par Charron. *Bourdeaus*, Simon Millanges, 1601, pet. in-8, mar. r. tr. dor. *anc. rel.*

28. De la Sagesse, par Charron. *Paris*, 1836, in-8, br.

29. Réflexions, ou Sentences et Maximes morales de La Rochefoucauld, édit. publié par L. Aimé-Martin. *Paris*, Lefèvre, 1822, gr. in-8, mar. citron, dent. fers à froid.

L'un des *deux* exemplaires tirés sur Vélin.

30. Émile ou de l'Éducation, par J.-J. Rousseau. *Paris*, 1830, 3 vol. in-8, br.

31. De l'Éducation des mères de famille, par L. Aimé-Martin. *Paris*, 1834, 2 vol. in-8, br.

32. M. T. Ciceronis de Repvblica quæ svpersvnt, ex primaria editione Angeli Maii Vaticanæ bibliothecæ præfecti. *Parisiis*, Ant. Aug. Renouard (e typis Crapelet), 1823, in-8, demi-rel. dos de mar. lilas, non rogné.

L'un des *deux* exemplaires sur Vélin.

33. La Science du bonhomme Richard, et autres opuscules de Benj. Franklin. *Paris*, Renouard, 1795, in-12, Pap. Vél. cart.

34. De la Félicité publique, ou Considérations sur le sort des hommes dans les différentes époques de l'histoire, par le marquis de Chastellux, avec la Notice sur le marquis de Chastellux, par M. Alfred de Chastellux, son fils. *Paris*, Renouard, 1822, 2 vol. in-8, mar. vert, dent. fil. tr. dor. Gr. Pap. Vél.

La notice est en feuille. L'exempl. est relié comme le Voltaire, n° 172 ci-après.

35. Testament politique de M. le comte Ferrand, ouvrage posthume. *Paris*, 1830, in-8, br. ═ Discours prononcés dans la discussion de l'hérédité de la Pairie. *Paris*, 1831, in-8, br.

36. Dictionnaire des Origines, ou Époques des inventions utiles, des découvertes importantes, des lois, des

coutumes, etc. *Paris*, Bastien, 1777, in-8, 6 vol.
v. rac.

37. Archives des découvertes et des inventions nouvelles, faites dans les sciences, les arts et les manu-
factures, tant en France que dans les pays étrangers.
Paris, Treuttel et Würtz, 1809 à 1835, in-8, 34 vol.
Pap. Vél. cart. *complet*.

L'un des *trois* exempl. tirés sur Pap. Vél. Les tomes 30 à 35 sont
brochés. Les années 1832-33 forment un seul volume.

38. Dictionnaire œconomique, contenant l'art de faire
valoir les terres et de mettre à profit les endroits les
plus stériles, etc., par Chomel, édition augmentée
par de La Marre. *Paris*, 1768, in-fol. 3 vol. v. fauve.

39. OEuvres complètes de Buffon, avec les supplé-
mens, augmentées de la classification de Cuvier.
Paris, Duménil, 1835-36, in-8, 9 vol. avec 700 fig.
demi-rel. d. de v. vert.

40. Les Roses, par P. J. Redouté, avec le texte par
Thory. *Paris*, de l'imp. de Firmin Didot, 1824,
3 vol. gr. in-4, demi-rel. dos de mar. r. orné de
roses d'or.

Très bel exemplaire de choix.

41. Monographie des Antirrhinées, par Ed. Chavannes.
Paris, Treuttel et Würtz, 1833, in-4, 11 pl. br.

42. A natural History of the most remarkable quadru-
peds, birds, fishes, serpents, reptiles, and insects,
by Mrs. Mary Trimmer. *Chiswick*, Whittingham,
1825, in-18, 2 vol. avec un grand nombre de fig.
en bois, cart.

43. Chirurgia magistri Lanfranci mediolanensis. In-4,
reliure goth.

Manuscrit sur papier, de l'année 1494, avec quantité de lettres
initiales peintes en or et en couleur. A la fin du volume on lit : « Ce
fut fait l'an mil iiij c. iiij xx et xiiij. Escript par moy Jehan Gallant
maistre barbier en la ville de Paris. » Signé GALLANT.

44. De la Taille latérale par le périnée, par Pascal

Baseilhac. *Paris,* 1804, in-8, br. = Traité théorique et pratique du croup, par J. Desruelles. *Paris,* 1821, in-8, br.

45. Cours d'arithmétique et d'algèbre, par Jouanno. *Paris,* 1832, in-8. = Leçons d'algèbre, par Lefébure de Fourcy. *Paris,* Bachelier, 1835, in-8, br.

46. Leçons d'algèbre, par Lefébure de Fourcy. *Paris,* Bachelier, 1835, in-8, br.

47. Astronomie solaire d'Hipparque, par Marcoz. *Paris,* De Bure frères, 1828, in-8, br. = Erreur des astronomes et des géomètres sur l'accélération séculaire de la lune, par Marcoz. 1833, in-8, br.

48. Guide des amateurs de tableaux pour les écoles allemande, flamande et hollandoise, par M. Gault de Saint-Germain. *Paris,* Renouard, 1818, in-12, 2 vol. v. f. fil.

49. Essai historique et descriptif sur la peinture sur verre ancienne et moderne, et sur les vitraux les plus remarquables de quelques monumens français et étrangers, par E. H. Langlois. *Rouen,* E. Frère, 1832, in-4, avec sept planches, demi-rel. d. de v. vert.

Il n'a été tiré que *douze* exemplaires de ce format.

50. Treize vignettes pour les OEuvres de J. F. Regnard, gravées par MM. Lefevre, Burdet, Leroux, Blanchard, Fauchery, Bein et Muller, d'après les dessins de Desenne. *Paris,* Dufart, 1828; suite d'Épreuves avant la lettre sur papier de Chine, et suite d'eaux-fortes. Gr. in-8, en feuilles.

51. Suite de vingt-quatre figures pour Gil-Blas, gravées par Romney, d'après Smirke. form. in-4.

52. Portraits gravés de divers personnages et écrivains célèbres. In-8 et in-4.

53. Portraits des principaux personnages de la révolution française, gravés d'après les documens les

plus authentiques, par les plus habiles Artistes. *Paris*, 1835, gr. in-8, 24 portraits en 12 livraisons. (*Complet.*)

54. Le Palais de Scaurus, ou Description d'une maison romaine. *Paris*, Firmin Didot, 1822, in-8, fig. br.

BELLES-LETTRES.

Grammaire, Orateurs.

55. Dictionnaire de l'Académie française. *Paris*, Moutardier, 1802, in-4, 2 vol. v. rac.

56. Manuel des amateurs de la langue française, par Boniface. *Paris*, 1825, in-8, br. = Essai sur la langue française et particulièrement sur les Provinciales de Pascal, par François de Neufchateau. *Paris*, 1818, in-8, br.

57. Des Homonymes français, par Philippon La Madelaine. *Paris*, 1802, in-8, v. rac. = Des Tropes, par Dumarsais, *Paris*, 1816, in-12, bas. = Grammaire française de Lhomond, revue par Ch. Constant Le Tellier. *Paris*, 1805, in-12, demi-rel.

58. Grammaire française, par Braud. In-12, br. = Dictionnaire des Rimes, de Richelet. In-12, br. = Leçons sur la Rhétorique française, par Leotard. In-12, br. = Enseignement gradué de l'écriture, par Mulhauser. *Paris*, 1831, in-16, 2 vol. dont un de modèles gravés.

59. Grammaire abrégée de la langue allemande. *Strasbourg*, 1833, in-12, br. = Dialogues français et allemands, *Strasbourg*, 1834, in-12, br. = Dictionnaire français-allemand et all.-franç., par Martin. *Leipsig*, Breitkopf, in-16, br. = Nouvelle mé-

thode pour apprendre les principes des langues françoise et hollandoise. *Deventer*, 1743, in-8, parch.

60. Grammaire anglaise par Vergani. *Paris*, 1814,
in-12, vél. == British Synonymy, by Hester Lynch
Piozzi. *Paris*, 1804, in-18, rel.

61. The Elements of English conversation, by John
Perrin. *Paris*, 1804, in-8, bas. fil. == Le Guide de
la Conversation anglaise, par Mabire. *Paris*, 1816,
in-16, vél.

62. M. T. Ciceronis opera quæ supersunt omnia, cum
notis varior. edid. Isaacus Verburgius. *Amstelædami*,
Wetstenius, 1724, in-12, 12 vol. v. br. == Vita di
Cicerone, scritta da messer Lionardo Bruni Aretino.
Parma, Bodoni, 1804, in-12, Pap. Vél. cart.

63. OEuvres de Cicéron, trad. en français, avec le
texte en regard, publ. par J.-V. Le Clerc. *Paris*,
Lefèvre, 1825, in-8, 30 vol. Gr. Pap. Vél. demi-rel.
d. de mar. r. non rogné.

Très bel exemplaire.

64. — Le même ouvrage. *Paris*, 1827, gr. in-18,
35 vol. br.

65. Oraisons funèbres de Bossuet, Fléchier et autres
orateurs, avec un Discours préliminaire et des Notices, par Dussault. *Paris*, L. Janet, 1820-1826,
fig. et portr. avant la lettre, in-8, 4 vol. Gr. Pap.
Vél. mar. viol. dent. fil. tr. dor. *Purgold-Hering*.
Magnifique exempl. de premières épreuves.

Poésie.

66. L'Iliade et l'Odyssée d'Homère, trad. par Lebrun.
Paris, 1836, in-8, br. == Histoire des Poésies ho-
mériques, par Dugas-Montbel. *Paris*, F. Didot,
1831, gr. in-8, Pap. Vél. demi-rel. d. de v. fauve.

67. Ulysse Homère, ou du véritable auteur de l'Iliade
et de l'Odyssée, par Constantin Koliades (Le Che-

valier). *Paris*, De Bure frères, 1829, in-fol. avec
20 planch. demi-rel. d. de v. br.

Avec un Supplément.

68. Horatius, Phædrus, et Publii Syri sententiæ. *Parisiis*, Typog. Regia, 1732, pet. in-12, mar. r. filet,
tr. dor. *Anc. rel.*

A la fin du volume est l'épreuve du premier alphabet droit et
penché, gravé pour l'Imprimerie Royale.

69. La Pharsale de Lucain, trad. en vers français, par
Brebeuf, texte en regard, avec la vie des deux poètes,
et des réflexions critiques sur leurs ouvrages, par
J. B. Billecocq. *Paris*, an IV (1796), in-8, 2 vol.
Gr. Pap. v. rac. tr. dor.

70. Steph. Doleti carminum libri quatuor. *Lugduni*,
1538, in-4, mar. citr. tr. dor.

71. Ægid. Menagii poemata. *Amstelodami*, Elzevier,
1663, in-12, broché.

72. Hymni sacri et novi, autore Santolio. *Parisiis*,
Thierry, 1689, pet. in-8, mar. r. fil. tr. dor.

73. De l'état de la Poésie françoise dans les XIIe et
XIIIe siècles, par de Roquefort-Flaméricourt. *Paris*,
1815, in-8, br. = Mémoire sur l'origine du patois
picard, sur ses rapports avec les langues qui l'ont
précédé, par Grég. d'Essigny. *Paris*, 1811, in-8, br.

74. Tableau historique et critique de la poésie française
et du théâtre français au seizième siècle, et œuvres
choisies de Pierre de Ronsard, par M. Sainte-Beuve.
Paris, 1828, in-8, 2 vol. br.

75. Choix des poésies originales des Troubadours, par
M. Raynouard. *Paris*, Firmin Didot, 1816-21,
in-8, 6 vol. Gr. Pap. Vél. demi-rel. dos de mar. r.
non rogné.

Bel exemplaire.

76. Fabliaux ou Contes du XIIe et du XIIIe siècle, traduits ou extraits d'après divers manuscrits du temps.
Paris, Onfroy, 1779, in-8, 4 vol. dos de v. f.

77. Fabliaux ou contes, fables et romans du xiie et xiiie siècle, par Legrand d'Aussy. *Paris*, J. Renouard, 1829, in-8, 5 vol. Gr. Pap. Vél. fig. sur Pap. de Chine et avant la lettre, demi-rel. dos de mar. citr. *Purgold*.

78. Fables inédites des xiie, xiiie et xive siècles, et Fables de La Fontaine, précédées d'une notice sur les Fabulistes, par A. C. M. Robert. *Paris*, 1825, in-8, fig. 2 vol. et fac-simile, br.

79. Les Poètes françois depuis le xiie siècle jusqu'à Malherbe, avec une notice historique et littéraire sur chaque poète. *Paris*, Crapelet, 1824, in-8, 6 vol. Gr. Pap. Vél. demi-rel. d. de mar. puce, dent. *Purgold*.

N° 1er de *quatre* exemplaires tirés sur ce pap. dont deux exempl. seulement sont en France.

80. Le même ouvrage, in-8, 6 vol. v. br. dent. fil. fers à froid.

81. Poésies des xve et xvie siècles, publiées d'après des éditions gothiques et des manuscrits. *Paris*, Silvestre, 1830-1832, in-8, cart.

Recueil de 15 pièces séparées, savoir : l'Art et science de Rhétorique pour faire rigmes et ballades. — Le Débat de l'iver et de l'esté. — Le Casteau d'amours (par P. Gringore). — La Farce du meunier à qui le diable emporte l'ame en enfer. — La Complainte de la grosse cloche de Troyes en Champaigne. — Le Caquet des bonnes chambrières. — La Farce de la pipée. — Sermon joyeux de Saint-Hareng. — Le Débat du vieux et du jeune. — Le Songe doré de la pucelle. — Déploration de Robin. — Moralité de l'aveugle et du boiteux. — Les Souhaits du monde. — Sermon nouveau et fort joyeux. — La Réformation sur les Dames de Paris, faicte par les Lyonnoises.

Ce Recueil n'a été imprimé qu'à *cent* exemplaires numérotés à la presse.

82. Vers sur la mort, par Thibaud de Marly, imprimés sur un manuscrit de la Bibliothèque du Roi. *Paris*, Crapelet, in-8, Gr. Pap. Vél. br. en cart.

83. Le Roman de la Rose, par Guillaume de Lorris et

Jehan de Meung; édition publiée par M. Méon.
Paris, Didot l'aîné, 1814, in-8, 4 vol. fig. Gr. Pap.
Vélin, mar. citron du Levant, fers à froid, tr. dor.

En tête du premier volume se trouve l'article sur le roman de la
Rose extrait du *Journal des Savans*, par M. Raynouard.

84. Le Roman du Renart, publié d'après les manuscrits
de la Bibliothèque du Roi des XIIIe, XIVe et XVe siècles, par M. Méon. *Paris*, Treuttel et Würtz 1826,
in-8, 4 vol. fig. avant la lettre, demi-rel. d. de mar.
puce, Gr. Pap. Vélin, non rogné. = Le Roman du
Renart, supplément, variantes et corrections, publié par P. Chabaille. *Paris*, Silvestre, 1835, in-8,
même papier et même rel.

85. Le Roman de Rou et des Ducs de Normandie, par
Robert Wace, publié pour la première fois d'après
les Mss. de France et d'Angleterre, avec des notes
par Fr. Pluquet et Aug. Le Prevost. *Rouen*, E. Frère,
1827, in-8, 2 vol. Gr. Pap. Vél. fig. doubles sur
pap. de Chine, demi-rel. d. de mar. vert, non rogn.
Purgold. = Observations philologiques et grammati-
cales sur le Roman de Rou, par M. Raynouard,
suivies du Supplément aux notes historiques sur le
même ouvrage, par M. Auguste Le Prevost. *Rouen*,
Ed. Frère, 1829, in-8, Gr. Pap. Vél. demi-rel. dos
de mar vert.

L'un des *six* exempl. avec fig. peintes en or et en couleurs, d'une
très belle exécution.

86. L'Histoire du châtelain de Coucy et de la dame de
Fayel, publiée d'après le manuscrit de la Bibliothèque
du Roi, par M. Crapelet. *Paris*, 1829, in-8, Gr.
Pap. de Hollande, avec fac-simile des miniatures
peintes en or et en couleurs sur VÉLIN, br. en cart.

87. Le Pas d'armes de la Bergère maintenu au tournoi
de Tarascon, avec un Précis de la chevalerie et des
tournois. *Paris*, Crapelet, 1828, in-8, fig. color.
Gr. Pap. Vél. br. en cart.

88. Serventois et sottes chansons couronnées à Valenciennes, suivies d'une pièce inédite de madame Deshoulières. *Valenciennes*, 1827, in-4, Pap. Vél. v. fauve fil.

L'un des *six* exempl. tirés sur ce papier.

89. Partonopeus de Blois, publié pour la première fois d'après le manuscrit de la Bibliothéque de l'Arsenal. *Paris*, Crapelet, 1834, in-8, 2 vol. Gr. Pap. de Hollande, avec trois fac-simile sur VÉLIN, br. en cart.

Sixième de *sept* exempl. tirés sur colombier de Hollande.

90. — Le même ouvrage. In-8, Gr. Pap. Vél. cart.

91. Poésies morales et historiques d'Eustache Deschamps, écuyer, huissier d'armes des rois Charles V et Charles VI, avec un Précis historique et littéraire sur l'auteur. *Paris*, Crapelet, 1832, in-8, Gr. Pap. Vél. avec fac-simile sur VÉLIN, br. en cart.

92. — Le même ouvrage. In-8, Gr. Pap. de Hollande, avec fac-simile sur VÉLIN, cart.

L'un des *sept* exempl. tirés sur ce papier.

93. La Légende de Faifeu, mise en vers par Ch. Bourdigné, 1723. — Poésies de Guill. Coquillard, 1723. — Poésies de Guill. Crétin. — La farce de Pathelin, avec son testament. — OEuvres de Villon. — OEuvres de J. Marot avec celles de Michel Marot. — Poésies de Martial de Paris, dit d'Auvergne. *Paris*, Coustelier, 1723-24, ensemble 8 vol. pet. in-8, mar. r. dent. tr. dor. *Bozerian jeune*.

94. L'Ordene de chevalerie, avec une Dissertation sur l'origine de la langue françoise (par Barbazan). *Paris*, 1759, in-12, fig. demi-rel. d. de mar. r. *Thouvenin*.

95. Poésies de Malherbe, suivies d'un choix de ses lettres, avec des variantes et des notes. *Paris*, Janet et Cotelle, 1822, in-8, Gr. Pap. Vél. double portr. mar. olive, fil. tr. dor. *Purgold-Hering*.

96. OEuvres de Boileau, avec un nouveau Commentaire
par M. Amar. *Paris*, Lefèvre, 1821, in-8, 4 vol. fig.
av. la lettre, m. bleu, dent. fil. tr. dor. Gr. Pap. Vél.

Avec la médaille de Boileau, sertie sur le plat de la couverture
dans un cercle doré.

97. OEuvres de Boileau, avec une Notice sur sa vie
par M. Daunou. *Paris*, 1830, in-8, 3 vol. br.

98. Fables choisies, mises en vers par J. de La Fontaine, édit. gravée en taille-douce, avec les fig. de
Fessard, *Paris*, 1764, in-8, 6 vol. mar. r. fil. tr. dor.

99. Fables de La Fontaine, avec notes, et soixante-
quinze figures gravées sur bois. *Paris*, Crapelet,
1830, in-32, 4 vol. mar. r. dent. fil. avec étui.

Exemplaire sur Vélin, avec les 75 dessins originaux, et les figures
imprimées séparément sur pap. de Chine.

100. Soixante-quinze figures pour les Fables de La Fontaine, gravées sur bois, pour l'Edition parisienne.
Paris, Crapelet, 1830, in-8, Gr. Pap. Vél. cart. bleu
à la *Bradel*.

101. — Les mêmes figures. In-8, pap. de Chine, cart.
rouge à la *Bradel*.

102. Fables de La Fontaine, sténographiées par Bertin.
Paris, in-18, fig. mar. puce, dent. fil. tr. dor.

103. La Chronique scandaleuse, ou Paris ridicule, de
C. Le Petit. *Cologne*, Pierre de La Place (*Amst.*
Elzev.), 1668, et in-12, v. br. (*Rare.*)

104. OEuvres de J. B. Rousseau, avec un commentaire
historique et littéraire, précédé d'un nouvel Essai
sur la vie et les écrits de l'auteur (par M. Amar).
Paris, Lefèvre, 1820, in-8, 5 vol. mar. raisin de
Corinthe, dent. gauf. tr. dor. Gr. Pap. Vél.

Très bel exempl. orné de la médaille de J. B. Rousseau, sur la
couverture du premier volume, sertie dans un cercle en vermeil.

105. OEuvres de J. Delille. *Paris*, L. G. Michaud,
1824, in-8, 16 vol. Gr. Pap. Vél. fig. avant la lettre

sur pap. de Chine, demi-rel. dos de mar. raisin de
Corinthe, non rogné.

106. Chansons de P. J. de Béranger. 1826, 5 part.
in-32. = Poésies, par mad. Amable Tastu. 1833,
in-18. = Les Palmiers, 1832, in-12, br.

107. OEuvres de M. de Lamartine. *Paris*, 1832,
in-8, fig. 4 vol. Pap. Vél. demi-rel. d. de v. rouge.

En tête du premier volume se trouvent des vers adressés par
M. de Lamartine à M. Ch. Nodier, autog. et signés.

108. Poésies de mademoiselle Élisa Mercœur. *Paris*,
1829, gr. in-18, cart.

109. La Vie intime, poésies par A. de Latour. *Paris*,
1833, in-8, br. = Confessions poétiques, par Gust.
Drouineau. In-8, br. = Loisirs d'un ancien magis-
trat, par M. de Villiers du Terrage. In-8, fig. br.

110. Napoline, poëme, par mad. Émile de Girardin.
Paris, Gosselin, 1834, in-8, br. = Geneviève,
poëme en cinq chants, par Ch. de Commecquiers.
Paris, 1834, in-8, br.

111. Las obros de Pierre Goudelin, augmentados d'uno
noubelo floureto. *Toulouso*, Pierre Bosc, 1648,
in-4, v. rac.

112. Las obros de Pierre Goudelin, ambé le Dictiou-
nari sur la lengo Moundino. *Toulouso*, Pijon, 1774,
in-12, bas. rac.

113. Las obros de Pierre Goudelin. *Toulouso*, Caunes,
1811, in-12, br.

114. Le Ramelet moundi, long-tens a crescut d'un
Broutou, le tout fayt par Pierre Goudelin, toulousain.
Toulouso, Coloiniez, 1637, in-12, parch.

115. Le Ramelet moundi de tres flouretos, o las genti-
lessos de tres boutados del S. Goudelin. *Touloso*,
Jan Boudo, 1638, in-8, v. br.

116. Miscellaneous Works of Oliv. Goldsmith, with

an account of his life and writings, edited by Washington Irving. *Paris*, Baudry, 1837, in-8, 4 vol. br.

117. The complete Works of Lord Byron, including his suppressed poems. *Paris*, Baudry, 1832, gr. in-8, 4 vol. portr. cart.

118. OEuvres de lord Byron, édit. revue et corrigée, par A. P....t (Améd.-Pichot). *Paris*, Ladvocat, 1823, in-8, 8 vol. port. et vign. sur pap. de Chine, demi-rel. d. de mar. viol. Gr. Pap. Vél. non rogné. *Purgold.*

119. Italy, a poem, by Samuel Rogers. *London*, T. Cadell, 1830, in-8, fig. br. en cart.

120. Poems, by Samuel Rogers. *London*, T. Cadell, 1834, in-8, fig. br. en cart.

121. Drawing room. Scrap-Book. *London*, Fisher, 1835, in-4, avec un grand nombre de planches, demi-rel. anglaise, tr. dor.

Théâtre.

122. Théâtre complet des Latins, par Levée et Le Monnier, augmenté de dissertations par MM. Amaury et Alexandre Duval. *Paris*, 1820-23, in-8, 15 vol. Gr. Pap. Vél. br.

123. Le Mirouer et exemple Moralle des enfans ingratz pour lesqlz les peres et meres se destruisent pour les augmenter qui en la fin les descongnoissent. *Aix*, Pontier, 1836, in-8, demi-rel. d. de v. ant.

Édition tirée à 40 exempl. sur ce papier.

124. Moralité des Blasphémateurs de Dieu, à dix-sept personnages. *Paris*, Silvestre, 1831, in-fol. format d'agenda, en caractères gothiques, demi-rel. d. de mar. bleu dent. *Kœlher.*

N° 80 de l'Édit. tirée à 90 exemplaires.

125. OEuvres de P. Corneille, avec les Commentaires
de Voltaire. *Paris*, Ant.-Aug. Renouard, 1817,
in-8, 12 vol. Gr. Pap. Vél. fig. avant la lettre, mar.
amar. dent. fil. tr. dor.

Avec la médaille de Corneille au premier volume, sertie dans un
cercle doré.

126. OEuvres choisies de Quinault, précédées d'une
nouvelle Notice sur sa vie et ses ouvrages. *Paris*,
Crapelet, 1824, in-8, 2 vol. portrait avant la lettre
et eau-forte, demi-rel. d. de cuir de Russie, non rogné. *Hering*.

L'un des *quatre* exempl. tirés sur Jésus Vélin, dont il ne reste que
deux exempl. en France.

127. OEuvres complètes de J. Racine, avec les notes
de tous les commentateurs. Edition publiée par
L. Aimé-Martin. *Paris*, Lefèvre, 1820, in-8, 6 vol.
Gr. Pap. Vél. fig. avant la lettre, mar. lie de vin,
dent. fil. tr. dor.

Avec la médaille de Racine sur la couverture du premier volume, sertie dans un cercle doré.

128. Théâtre de M. C. Delavigne. *Paris*, 1833, in-8,
5 vol. Pap. Vél. fig. demi-rel. d. de v. bleu.

129. Chefs-d'œuvre des Théâtres étrangers, allemand,
anglais, chinois, danois, espagnol, hollandais, indien,
italien, polonais, portugais, russe, suédois, trad. en
français. *Paris*, 1822, in-8, 25 vol. Gr. Pap. Vél.
port. demi-rel. dos de mar. viol. non rog. *Purgold*.

130. OEuvres dramatiques de Schiller, trad. de l'allemand, précédées d'une Notice biographique et littéraire sur Schiller. *Paris*, 1821, in-8, 6 vol. Gr. Pap.
Vél. demi-rel. d. de mar. vert, non rogné. *Purgold*.

131. The dramatic Works of W. Shakespeare, with a
biographical Memoir and summary remarks on each
play. *Paris*, Baudry, 1829, gr. in-8, port. cart.

132. OEuvres complètes de Shakspeare, trad. de l'an-

glais par Letourneur, édit. revue par E. Guizot.
Paris, 1821, in-8, 13 vol. Gr. Pap. Vél. port. demi-
rel. d. de mar. viol. non rogné. *Purgold*.

Fables, Romans et Nouvelles.

133. Æsop's Fables, with emblematical devices. *London*, Booker, 1821, in-18, avec 150 fig. grav. sur
bois, cart.

134. Fables, original and selected, by the late James
Northcote, second series. *London*, J. Murray, 1833,
pet. in-8, avec 280 grav. sur bois, cart. à l'angl.
non rogné.

135. Les Mille et une Nuits, contes arabes, traduits
en français par Galland. Nouvelle édit. revue par
M. Destains, et précédée d'une Notice histor. sur
Galland par M. Ch. Nodier. *Paris*, Galliot, 1822,
in-8, 6 vol. Gr. Pap. Vél. fig. avant la lettre sur papier de Chine, mar. citron, dent. fil. tr. dor.
Très bel exemplaire, et l'une des plus parfaites reliures de *Purgold-Hering*.

136. L'Historial du Jongleur, chroniques et légendes
françaises. *Paris*, F. Didot, 1829, in-8, Pap. Vél.
avec fig. coloriées, br. en carton.

137. Le livre du très chevaléreux comte d'Artois et
de sa femme, fille au comte de Boulogne; publié
d'après les manuscrits et pour la première fois. *Paris*, de l'imprimerie de Crapelet, 1837, in-4, fig. br.

138. Histoire de Gil Blas de Santillane, par Le Sage,
édit. collationnée sur celle de 1747, corrigée par
l'auteur, avec des notes hist. et littéraires par M. le
comte François de Neufchâteau. *Paris*, Lefèvre,
1820, in-8, 3 vol. fig. avant la lettre, demi-rel. d. de
mar. carmel. Papier Vélin rose.
Seul exempl. tiré sur ce papier, avec les fig. également imprimées sur papier rose.

139. Les Amours du chevalier de Faublas, par Louvet de Couvray. *Paris*, 1825, in-8, 4 vol. Gr. Pap. Vél. fig. avant la lettre sur papier de Chine, mar. gris perle, dent. fil. tr. dor.

140. Paul et Virginie, et la Chaumière indienne, par Bernardin de Saint-Pierre. *Paris*, Curmer, 1838, gr. in-8, avec 450 vignettes, 30 sujets, et suite de portraits. *Complet.*

141. Paris, ou le Livre des Cent-et-un. *Paris*, 1831-34, in-8, 15 vol. demi-rel. d. de v.

142. Lucile ou la Cantatrice, par madame de Thellusson. In-12, 2 vol. br. == Falkland, par Bulwer. in-12, 2 vol. br.

143. Les Pèlerins aux bords du Rhin, par Bulwer. In-12, 2 vol. br. == L'Étudiant, esquisses littéraires, par Bulwer. In-12, 2 vol. br.

144. La jeune Artiste et l'Étranger. in-12, 2 vol. br. == Isabelle, nouv. hist. du temps de Saint-Louis. in-12, 2 vol. br. == Lucile, par madame de Thellusson, in-12, 2 vol. br.

145. Miroir des salons, par madame de Saint-Surin. *Paris*, 1831, in-8, br. == Clotilde, par madame de Thellusson, 1834, in-8, br.

146. Raoul de Pellevé, 1593-1594 (par M. le comte de Pastoret). In-8, 2 v. br. == Tarlo, roman polonais, publ. par madame Mélanie Waldor. In-8, br.

147. Anecdotes françoises. 1 vol. 1767. == Anecdotes des Républiques. 2 vol. 1771. == Anecdotes italiennes. 1 vol. 1769. == Anecdotes germaniques. 1 vol. 1769. == Anecdotes angloises. 1 vol. 1769. == Anecdotes du Nord. 1 vol. 1770. == Anecdotes arabes et musulmanes. 1 vol. 1772. == Anecdotes espagnoles et portugaises (par l'abbé de La Porte). 2 vol. 1773; ensemble 10 vol. in-12, v. rac.

148. Novelle morali seguite da lettere ad una amica sul modo di conseguire la felicità. *Parigi*, 1832, in-8, 2 vol. br. = Histoire de Rasselas, prince d'Abyssinie, trad. de Samuel Johnson, angl. et français. *Paris*, 1832, in-8, 2 vol. br.

149. I promessi Sposi, storia Milanese del secolo xvii, da Alessandro Manzoni. *Parigi*, 1834, 2 vol. in-12, br. = Marco Visconti, storia del trecento, raccontata da Tommaso Grossi. *Parigi*, 1835, in-12, 2 vol. br.

150. La Battaglia di Benvenuto, storia del secolo xiii, da Guerazzi. *Parigi*, 1835, 2 vol. in-12, br. = Luisa Strozzi, storia del secolo xvi, da Rosini. *Parigi*, 1834, in-12, 2 vol. br.

151. OEuvres de Salomon Gessner. *Paris*, Renouard, 1799, in-8, 4 vol. Pap. Vél. fig. mar. r, dent. *Bozerian*.

152. The Vicar of Wakefield, by Goldsmith. *London*, 1825, in-12, avec un grand nombre de gravures en bois, cart. = The night thoughts, of Torquato Tasso, transl. from the italian. *Paris*, 1828, in-18, br.

153. Le Ministre de Wakefield, de Goldsmith, trad. par Aignan, angl. et franc. *Paris*, 1830, in-18, 2 vol. br. = Poems. In-12, br. = The poetical Works of G. Canning, in-18, port.

154. Blanche et Bleue, roman chinois, trad. par Stanislas Julien. *Paris*, 1834, in-8, br. = Mes Heures perdues, par Félix Arvers. *Paris*, 1833, in-8, br.

Facéties et Philologie.

155. OEuvres de Rabelais, édit. variorum, augmentées de pièces inédites, des Songes drolatiques de Pantagruel, etc. ; et d'un nouveau commentaire historique et philologique, par Esmangart et El. Johanneau. *Paris*, Dalibon, 1823, in-8, 9 vol. Gr. Pap. Vél. fig.

avant la lettre, demi-rel. dos de mar. raisin de Corinthe, non rogné. *Purgold.*

156. Lycée, ou Cours de littérature ancienne et moderne, par J. F. La Harpe. *Paris*, de l'imp. de Firmin Didot, 1821, in-8, 16 vol. mar. r. dent. fil. Gr. Pap. Vél. tr. dor. *Purgold-Hering.*

Très bel exemplaire, relié avec les mêmes fers que ceux de l'*Histoire générale des Voyages.* (N° 202 de ce Catalogue.)

157. Cours de Littérature française du moyen-âge, par M. Villemain, de l'Académie française. *Paris*, 1830, in-8, 2 vol. Gr. Pap. br. en cart.

158. Le même ouvrage, in-8, Gr. Pap. de Hollande, cart.

L'un des *sept* exempl. tirés sur ce papier.

159. Nouvelles leçons françaises de littérature et de morale, par A. H. Lemonnier. *Paris*, 1822, in-12, 2 vol. Pap. Vél. rel. en v. viol. fil. tr. dor.

Seul exemplaire tiré sur ce papier.

160. Curiosities of literature, by d'Israeli. *Paris*, Baudry, 1835, in-8, 3 vol. demi-rel. dos de v. ant.

161. Proverbes et Dictons populaires, avec les Dits du mercier et des marchands, et les Crieries de Paris aux xiii° et xiv° siècles. *Paris*, Crapelet, 1831, in-8, Gr. Pap. Vél. avec deux fac-simile de mss. br. en cart.

162. Le même ouvrage. In-8, Gr. Pap. de Hollande, cart.

L'un des *sept* exemplaires tirés sur ce papier.

163. Polissonniana, ou recueil de turlupinades, quolibets, rebus, etc. *Amst.* H. Desbordes, 1722, in-12, v. vert.

164. Le Théâtre des bons engins auquel sont contenus cent emblèmes moraulx, composé par Guill. de La Perrière, *Paris*, Denys Janot, 1539, pet. in-8, fig. en bois, pages encadrées, mar. r. fil. *anc. rel.*

Polygraphes, Collections et Extraits; Mélanges.

165. OEuvres de Pascal. *Paris*, Lefevre, 1819, in-8,
5 vol. Gr. Pap. Vél. portr. mar. bleu, dent. doublé de
moire amaranthe, tr. dor.

Exempl. orné de la médaille de Pascal, sertie dans un cercle en
vermeil, sur la couverture du premier volume.

166. OEuvres complètes de J. de La Fontaine, précédées
d'une nouvelle Notice sur sa vie (par M. Auger). *Paris*, Lefevre, 1814, in-8, 6 vol. Gr. Pap. Vél. fig. avant
la lettre et eaux-fortes, mar. rouge, dent. doublé de
moire bleue, tr. dor. *Bozerian.* = Nouvelles OEuvres
diverses de J. de La Fontaine, et Poésies de F. de
Maucroix, accomp. d'une Vie de F. de Maucroix,
de notes et d'éclaircissemens, par C. A. Walckenaer.
Paris, Nepveu, 1820, in-8, mar. rouge, dent. filet,
doublé de moire bleu de ciel, tr. dor. Gr. Pap. Vél.
= Histoire de la Vie et des ouvrages de J. de La Fontaine, par C.-A. Walckenaer. *Paris*, Nepveu, 1820,
in-8, port. mar. rouge, dent. fil. doublé de moire
bleu de ciel, Gr. Pap. Vél. avec la médaille de La Fontaine.

Ce magnifique exemplaire, formant 8 volumes, est le n° 1er de
vingt exempl. Gr. Pap. Vél. avec les eaux-fortes. La médaille de
La Fontaine, dans un cercle de vermeil, se trouve sur la couverture
du volume de l'*Histoire de la Vie et des ouvrages* de l'auteur.

167. OEuvres de Fénelon, précédées d'une Notice sur
sa vie et ses écrits. *Paris*, 1826, in-8, 12 vol. port.
Gr. Pap. Vél. demi-rel. d. de mar. rouge, non rogné. *Purgold.*

Il n'a été tiré que *deux* exemplaires en Grand Papier de cet ouvrage, dont il n'existe aucune autre édition en grand papier. Cet
exemplaire est le n° 1er. On a joint, à la fin du tome xii, la Lettre de
Fénelon à Louis XIV, publiée par M. Renouard.

168. OEuvres de Ant. Hamilton. *Paris*, Renouard,
1812, in-8, 3 vol. Pap. Vél. fig. demi-rel. d. de mar.
raisin de Corinthe.

169. OEuvres de Le Sage. *Paris*, Renouard, 1821, in-8, 12 vol. Gr. Pap. Vél. demi-rel. d. de mar. r. dent. non rogné.

Il n'a été tiré que *huit* exempl. Gr. Pap. de cette édition.

170. OEuvres de Montesquieu, précédées de la Vie de cet auteur. *Paris*, Lefèvre, 1816, in-8, 6 vol. Gr. Pap. Vél. port. et carte, mar. vert, dent. doublé de moire rose. = Trois lettres attribuées à Montesquieu. In-8, Gr. Pap. Vél. demi-rel. d. de mar. vert. *Tiré à 20 exemplaires.*

Cet exemplaire, orné de la médaille de Montesquieu, sertie dans un cercle doré, sur la couverture du premier volume, est le n° 17 de 21 exempl. tirés sur ce papier.

171. OEuvres choisies de Piron, précédées d'une Notice historique sur sa vie. *Paris*, 1823, in-8, 2 vol. portr. et fac-simile, Gr. Pap. Vél. mar. vert, fil. tr. dor. *Purgold-Hering.*

172. OEuvres de Voltaire. *Paris*, Ant. Aug. Renouard, 1819-1825, 66 vol. in-8, Gr. Pap. Vél. avec 160 grav. épreuv. avant la lettre, mar. vert, dent. fil. tr. dor.

Exemplaire orné des médailles de différens personnages, serties dans des cercles en vermeil. Médailles de Voltaire, au tome 1er, et au tome LXIV, qui contient sa vie et ses mémoires; — de Henri IV et Sully, au tome VIII, Henriade; — de Louis XIV, au tome XVII, Siècle de Louis XIV, tome 1; — de Richelieu, au tome XVIII, Siècle de Louis XIV, tome II; — de Louis XV, au tome XIX, Siècle de Louis XV; — de Pierre-le-Grand, au tome XXI, Hist. de Pierre Ier; — de Newton, au tome XXVIII, Physique.

173. OEuvres de Voltaire, édition revue par M. Léon Thiessé. *Paris*, Pourrat frères, 1834, in-8, 75 vol. port. br.

174. OEuvres de J.-J. Rousseau, avec des notes historiques. *Paris*, Lefèvre, 1819, in-8, 22 vol. Gr. Pap. Vél. fig. avant la lettre et eaux-fortes, mar. r. dent. fil. tr. dor.

Exemplaire avec médaille de J.-J. Rousseau, sertie dans un cercle doré, sur la couverture du premier volume.

175. OEuvres inédites de J.-J. Rousseau, suivies d'un

supplément à l'Histoire de sa vie et de ses ouvrages, par V. D. Musset-Pathay. *Paris*, 1825, in-8, 2 vol. Gr. Pap. Vél. demi-rel. dos de mar. r. non rogné.

176. OEuvres de Tressan, précédées d'une Notice sur sa vie et ses ouvrages par M. Campenon, *Paris*, Nepveu, 1823, in-8, 12 vol. Gr. Pap. Vél. avec trois suites de grav. eaux-fortes, pap. de Chine et avant la lettre, mar. orange, dent. fil. tr. dor.
Magnifique exemplaire relié par *Purgold*.

177. OEuvres de Florian. *Paris*, Briand, in-8, 13 vol. Gr. Pap. Vél. port. et fig. sur pap. de Chine, demi-rel. d. de mar. vert, non rogné. *Purgold*.

178. OEuvres de C. A. Demoustier. *Paris*, Renouard, 1809, in-18, 6 vol. fig. bas. fil.

179. OEuvres de M. de Chateaubriand. *Paris*, Lefèvre, 1834, in-8, 4 vol. Gr. Pap. Vél. port. demi-rel. d. de v. vert.

180. OEuvres de M. de Chateaubriand. *Paris*, Pourrat frères, 1837, gr. in-8, 36 vol. Pap. Vél. fig. br.

181. Scriptores latini principes, recensuit et edidit J. A. Amar. *Parisiis*, Lefèvre, 1823, gr. in-32, 45 vol. Pap. Vél. demi-rel. d. de mar. r. non rogné.
Très bel exemplaire.

182. Collection de petits classiques français, publiée par Charles Nodier et N. Delangle; savoir : Conjuration du comte de Fiesque (par le cardinal de Retz). — Madrigaux de M. de La Sablière. — Diverses petites poésies du chevalier D'Aceilly. — OEuvres choisies de Sénecé. — OEuvres choisies de Sarrazin. — La Guirlande de Julie offerte à mademoiselle de Rambouillet par M. de Montausier. — Relation des campagnes de Rocroi et de Fribourg, par Henri de Bessé, sieur de la Chapelle Milon. — Voyage de Chapelle et Bachaumont. *Paris*, N. Delangle, 1825, pet. in-8, 8 vol. demi-rel. d. de mar. r. dent. fil. *Simier*.

183. Mélanges tirés d'une grande Bibliothéque (par le marq. de Paulmy et Contant d'Orville). *Paris*, Moutard; 1779-88, in-8, 70 tomes en 36 vol. demi-rel.

184. Mélanges tirés d'une petite Bibliothéque, ou Variétés littéraires et philosophiques, par Charles Nodier. *Paris*, Crapelet, in-8, Gr. Pap. de Hollande, br. en cart.

L'un des *sept* exempl. tirés sur ce papier.

185. Biblioteca di prose italiane, publicata da Buttura. *Parigi*, 1825, in-32, 10 vol. br.

Machiavelli, 6 vol. Boccacio, 1 vol. Scelta di prose, 3 vol.

186. Fragmens littéraires de Lady Jeanne Grey, reine d'Angleterre, traduits en français et précédés d'une Notice sur la vie et les écrits de cette femme célèbre, par Ed. Frère, *Rouen*, Ed. Frère, 1832, in-8, port. Gr. Pap. de Hollande, demi-rel. d. de v. bleu.

187. The Keepsake, edited by Frederic Mausel Reynolds, Mrs. Norton, and Lady Emmeline Stuart Wortley. *London*, 1829 à 1837, 9 vol. Gr. Pap. Vél. fig. sur pap. de Chine, rel. en moire ponceau.

Magnifique collection, très rare en grand papier, introuvable même en Angleterre.

188. The literary Souvenir, or Cabinet of modern poetry and romance, edit. by Alaric A. Watts. *London*, Longman, in-8. fig. mar. vert, tr. dor. *Rel. angl.*

189. The Anniversary, edited by Allan Cunningham. *London*, gr. in-8, fig. mar. vert, tr. dor.

190. Heath's book of Beauty, with nineteen beautifully finished engravings. *London*, Longman, 1834, in-8, mar. bleu, tr. dor.

191. The book of Gems. The poets and artists of Great Britain. *London*, Saunders, 1836, in-8, mar. puce, tr. dor.

Dialogues, Entretiens et Épistolaires.

192. Des. Erasmi Colloquia. *Lug.-Batav.* Elzev. 1643, pet. in-12, mar. r. fil. tr. dor. *anc. rel.*

193. Des. Erasmi Colloquia, cum notis variorum, accur. Corn. Schrevelio. *Lugd.-Batav.* ex offic. Hackiana, 1664, in-8, vél.

194. Des. Erasmi Adagiorum epitome recognita. *Lipsiæ*, N. Forster, 1696, in-12, br. ⚊ Odes d'Anacréon, grec et français, tr. en vers par J. B. de Saint-Victor. *Paris*, 1828, in-8, fig. br.

195. Les entretiens de Balzac. *Amst.* Louys et Daniel Elzevier, 1663, in-12, mar. r. fil. tr. dor. *anc. rel.*

196. Lettres de madame de Sévigné, de sa famille et de ses amis. *Paris*, 1823, in-8, 12 vol. Gr. Pap. Vél. port. pap. de Chine, mar. viol. dent. fil. tr. dor. *Purgold.*

Très bel exemplaire.

197. Correspondance inédite de madame Campan avec la reine Hortense, publiée par Buchon. *Paris*, 1835, in-8, 2 vol. br.

198. Isographie des principaux personnages de la Révolution française, publiée par M. Matton. *Paris*, 1837. Livrais. 1 à 6.

199. Lettres de Henri VIII à Anne Boleyn, avec la traduction, précédées d'une Notice historique sur Anne Boleyn. *Paris*, Crapelet (1826), in-8, Gr. Pap. de Hollande, port. sur pap. de Chine, br. en cart. non rogné. ⚊ Lettre de M. G. Peignot à M. C.-N. Amanton, sur les Lettres de Henri VIII. In-8, Gr. Pap. de Hollande, broché.

L'un des *douze* exemplaires sur ce papier.

200. ⚊ Le même ouvrage. In-8, Gr. Pap. Vél. port. br. en cart.

HISTOIRE.

Géographie et Voyages.

201. Géographie ancienne et historique, composée d'après les Cartes de D'Anville. *Paris*, 1807, in-8, 2 vol. demi-rel. = Nouvel Atlas portatif, comprenant la Géographie ancienne et moderne, *Paris*, Desray, 1816, in-fol. obl. cart.

202. Abrégé de l'Histoire générale des Voyages, par J. F. Laharpe. *Paris*, 1825, in-8, 24 vol. Gr. Pap. Vél. fig. et atlas, demi-rel. d. de mar. r. non rog. *Purgold.*

Il n'a été tiré que *deux* exemplaires Grand Papier Vélin de cet ouvrage, dont il n'existe aucune autre édition en grand papier. Cet exempl. est le n° premier, et est relié avec les mêmes fers que le Cours de Littérature, n° 156, ci-dessus.

203. Histoire générale des Voyages, ou Nouvelle collection des relations de voyages par mer et par terre, par Walckenaer. *Paris*, Lefèvre, 1831, in-8, 21 vol. br.

Ces 21 volumes comprennent les Voyages en Afrique.

204. Bibliothèque universelle des Voyages effectués par mer et par terre, dans les diverses parties du monde, par M. Albert-Montémont, *Paris*, 1833-36, in-8, 46 vol. fig. coloriées et atlas, demi-rel. d. de v. r.

205. Collection de Voyages, trad. de différentes langues orientales (par Langlès), et ornée de gravures. *Paris*, 1797-1805, in-18, 5 vol. et atlas in-4, Pap. Vél. mar. bleu, dent. doub. de moire, mors de mar. dent. fig. avant la lettre, et eaux-fortes, tr. dor. *Bozerian.*

206. Narrative of a second Voyage in search of a North-West passage, by sir John Ross. *Paris*, 1835, in-8, demi-rel. d. de v. r.

207. Narrative of the arctic land expedition to the mouth of the great Fish river, in the years 1833, 34 and 35, by captain Back. *Paris*, 1836, in-8, avec carte, demi-rel. d. de v. r.

208. The Tourist in France, by Th. Roscoe, illustrated from drawings by Harding. *London*, Jennings, in-8, mar. vert, tr. dor.

209. Travelling Sketches on the sea. Coasts of France, by Leitch Ritchie. *London*, Longman, in-8, fig. mar. r. tr. dor. *rel. angl.*

210. Relation historique du voyage de Charles X dans le département du Nord, par Ch. Durozoir. *Paris*, 1827, in-fol. planches, demi-rel. d. de v. viol.

211. Relation d'un voyage à Bruxelles et à Coblentz (1791) (par Louis XVIII). *Paris*, 1823, in-8, mar. bleu, fil. *Kœlher.*

Exemplaire sur Vélin.

212. Voyages historiques et littéraires en Italie, pendant les années 1826, 1827 et 1828, par M. Valéry, *Paris*, Lenormant, 1833, in-8, 5 vol. br.

213. A classical Tour through Italy, by the Rev. J. Chetwode Eustace. *Paris*, Baudry, 1837, in-8, 2 v. br.

214. Travelling Sketches in the north of Italy, the Tyrol and on the Rhine, by Leitch Richie. *London*, Longman, in-8, avec trente-six gravures, mar. r. tr. dor. *rel. angl.*

215. Voyage d'un Français en Angleterre, (par M. Simond). *Paris*, Treuttel et Wurtz, 1816, in-8, 2 vol. fig. V.

216. Voyage d'un jeune Français en Angleterre et en Écosse, par Ad. Blanqui. *Paris*, 1824, in-8, br. = Londres et l'Angleterre. 1826, in-12, br.

217. Itinéraire pittoresque au nord de l'Angleterre, contenant soixante-treize vues des lacs, des montagnes, des châteaux, etc., des comtés de Westmoreland, Cumberland, Durham et Northumberland, accompagné de notices historiques et topographiques en français, en anglais et en allemand. *Londres*, Fischer, 1836, in-4, tr. dor. rel. angl.

218. Voyage dans les provinces à l'ouest des États-Unis, trad. de Washington Irving. 1835, in-8, br.

Histoire universelle, Histoire des religions,
Histoire ancienne, etc.

219. Discours sur l'Histoire universelle, par Bossuet. *Paris*, 1836, in-8, br.

220. Histoire des cérémonies, mœurs et coutumes religieuses de tous les peuples du monde, représentées en 243 fig. par Bernard Picart. *Paris*, Rollin fils, 1741, in-fol. 7 vol. v. m.

221. Essai historique et archéologique sur l'église et le couvent de Saint-Jacques des Écossais à Ratisbonne, par Grille de Beuzelin. *Paris*, Rittner et Goupil, 1835, in-fol. planches, en feuilles.

222. La découverte des équivoques et échappatoires prétendu des Jésuites sur leur bannissement, et autres pièces concernant les Jésuites. *Paris*, 21 Janvier 1830, in-8. Gr. Pap. de Hollande, cart.
L'un des *sept* exemplaires tirés sur ce papier.

223. Voyage du Jeune Anacharsis en Grèce, par l'abbé Barthélemy. *Paris*, Et. Ledoux, 1822, in-8, 7 vol. Gr. Pap. Vélin, portr. fig. av. la lettre et eaux-fortes, atlas in-4, demi-rel. dos de mar. rouge. *Purgold-Hering*.

224. Études ou Discours historiques sur la chute de

l'Empire romain, par M. de Chateaubriand. *Paris*, Lefèvre, 1833, in-8, 4 vol. br. = Mœurs et usages des Romains. *Paris*, 1739, in-12, v. f.

225. Histoire de la chute de l'Empire romain, par Simonde de Sismondi. *Paris*, Treuttel et Würtz, 1835, in-8, 2 vol. br. = Histoire de la renaissance de la liberté en Italie, par Simonde de Sismondi. *Paris*, 1832, in-8, 2 vol. br.

Histoire moderne.

226. View of the state of Europe during the middle ages, by Henry Hallam. *Paris*, 1835, in-8, 2 vol. demi-rel. d. de v. r.

227. Études sur l'histoire de France, et sur quelques points de l'histoire moderne, par M. Aug. Trognon. *Paris*, 1836, in-8, br. = Essais d'appréciations historiques, par J. Berger de Xivrey. *Paris*, 1837, in-8, 2 vol. br.

228. Histoire de la vie privée des François, depuis l'origine de la nation jusqu'à nos jours, par Le Grand d'Aussy. *Paris*, Simonet, 1815, in-8, 3 vol. br.

229. Histoire des Français des divers états aux cinq derniers siècles, par Amans-Alexis Monteil. *Paris*, Janet et Cotelle, 1828-1830, in-8, 4 vol. br.

230. The monarchy of the middle classes, or France social, literary, political, by Bulwer. *Paris*, 1836, in-8, demi-rel. d. de v. r.

231. La France sociale, politique et littér. tr. de H. Bulwer, in-8, 2 vol. br.

232. Histoire des Français, par J. C. L. Simonde de Sismondi. *Paris*, Treuttel et Würtz, 1821-1836, 21 vol. in-8, Pap. Vél. demi-rel. d. de v. bleu.

233. Cérémonies des Gages de bataille, selon l'ordonnance du roi Philippe le Bel, représentées en onze planches (avec texte explicatif). *Paris*, Crapelet, 1830, gr. in-4, Pap. Vél. cart.

Quatrième de *cinq* exempl. avec fig. en noir sur pap. de Chine.

234. Le même ouvrage, in-8, Gr. Pap. Vél. br. en cart.

235. Histoire et règne de Charles VI, par mademoiselle de Lussan. *Paris*, Pissot, 1753, in-12, 9 vol. v. rac.

236. Les Demandes faites par le roi Charles VI, touchant son état et le gouvernement de sa personne, avec les réponses de Pierre Salmon, son secrétaire et son familier. *Paris*, Crapelet, 1833, in-8, avec dix planches, et initiales peintes en or et en couleurs, fac-simile, Gr. Pap. Vél. br. en cart.

237. Correspondance du roi Charles IX et du sieur de Mandelot, gouverneur de Lyon pendant l'année 1572, époque du massacre de la Saint-Barthélemy. = Lettre des Seize au roi d'Espagne Philippe II, année 1591. *Paris*, Crapelet, 1830, in-8, Gr. Pap. Vél. br. en cart.

238. Satyre Ménippée de la vertu du Catholicon d'Espagne, et de la tenue des Estats de Paris, augmentée de notes tirées des éditions de Dupuy et de Le Duchat, par V. Verger, et d'un commentaire histor., littér. et philolog. par Ch. Nodier. *Paris*, Delangle, 1824, in-8, 2 vol. Gr. Pap. de Hollande, fig. avant la lettre et eaux fortes, demi-rel. d. de mar. bleu, dent. *Purgold.*

239. La Chemise sanglante (de Henri-le-Grand). 1615, in-8, 4 feuillets, mar. r.

Pièce originale, rare.

240. La France mourante, Consultation historique à trois personnages. = La Chemise sanglante de Henri-le-Grand. *Paris*, chez tout le monde, et principale-

ment à l'hospice de la rue de Grenelle Saint-Germain
(le Ministère de l'Intérieur). 1829, in-8, Gr. Pap.
de Hollande, cart.

L'un des *sept* exemplaires tirés sur ce papier.

241. Mémoires de Sully. *Londres*, 1767, in-12, 8 vol.
v. rac.

242. La Cour et la Ville sous Louis XIV, Louis XV et
Louis XVI, publ. par F. Barrière. *Paris*, 1830, in-8,
Pap. Vél. br. = Histoire du Charivari, depuis le iv⁰
siècle jusqu'en 1833. In-8, br.

243. Recueil de différentes choses, in-4, 2 vol. mout.
vert.

Manuscrit original du marquis de Lassay, lieutenant-général des
provinces de Bresse, Bugey et Gex.

244. Tableaux de genre et d'histoire peints par diffé-
rents maîtres, ou Morceaux inédits sur la Régence,
la jeunesse de Louis XV, et le règne de Louis XVI,
pub. par F. Barrière. *Paris*, 1828, in-8, demi-rel.
d. de mar. viol. *Purgold.*

L'un des *deux* exempl. impr. sur pap. jonquille.

245. Les Historiettes de Tallemant des Réaux. Mémoires pour servir à l'histoire du xvii⁰ siècle, publiés
par MM. Monmerqué, le Chateaugiron et Tasche-
reau. *Paris*, 1834, in-8, 6 vol. Pap. Vél. demi-rel.
d. de v. vert.

246. Le Sacre et Couronnement de Louis XVI dans
l'église de Reims, le 11 juin 1775. *Paris*, 1775,
gr. in-8, avec un grand nombre de planches, demi-
rel. d. de v. f.

247. Histoire du Directoire exécutif, par M. Ch. La-
cretelle. *Paris*, Treuttel et Würtz, 1826, in-8,
2 vol. br. = Des Élections selon la Charte et les lois,
par M. Boyard. In-8, 1828.

248. Souvenirs de la marquise de Créquy, 1710 à 1800. *Paris*, 1834-35, in-8, 7 vol. demi-rel. d. de v. ant.

249. Mémoires inédits du Comte de Brienne, publiés par F. Barrière. *Paris*, 1828, in-8, 2 vol. br.

250. Procès de l'affaire du 19 août 1820, devant la Cour des Pairs, Recueil in-4, br.

251. Commentaire philosophique et politique sur l'histoire et les révolutions de France, de 1789 à 1830, par J. Benner. *Paris*, Treuttel et Würtz, 1835, in-8, 3 vol. br. = Précis de l'histoire civile et politique des Français, par Lamé-Fleury. *Paris*, 1833, in-8, br.

252. Histoire de la Révolution de 1830, par Rossignol, avocat, in-8, br. = Causes et conséquences des événemens du mois de Juillet 1830, par J. Fiévée. In-8, 1830. = Hist. pol., milit. et anecdot. des 27, 28 et 29 juillet 1830. In-8, br. = Relation des Journées mémorables de 1830. In-8, avec plan; br. et autres pièces sur la Révolution de 1830. = Hist. du Charivari, jusqu'à l'année 1833. *Paris*, 1833, in-8, br.

253. Les hommes de la Révolution, peints d'après nature, par Coste d'Arnobat. *Paris*, 1830, in-8, Gr. Pap. de Hollande, cart.

L'un des *sept* exempl. tirés sur ce papier.

254. Procès des ex-Ministres, relation exacte et détaillée. *Paris*, Roret, in-18, 3 vol. br.

255. Précis historique, généalogique et littéraire de la Maison d'Orléans, avec notes, tables et tableau, par un Membre de l'Université. *Paris*, Crapelet, 1830, in-8; Gr. Pap. Vél. avec trois portraits du roi Louis-Philippe. cart. à la Bradel.

256. Révolution de 1830, et situation présente expliquées, par M. Cabet, député. In-8, br. 1832. == Une Semaine de l'histoire de Paris. In-8, br. 1830. == Biographie de tous les Ministres. *Paris*, in-8, br.

257. Procès des accusés d'avril 1834 devant la Cour des Pairs. Procédure et Procès-verbaux. In-4, 14 v. br. (*Complet.*)

258. Le Portfolio, ou Collection de documens politiques relatifs à l'histoire contemporaine. *Paris*, 1836-37. In-8, 5 vol. br. (*Complet.*)

259. Esquisses historiques, psychologiques et critiques de l'armée française, par Joach. Ambert. *Saumur*, (*Paris*,) 1837, gr. in-8, 2 vol. fig. br.

260. Promenades pittoresques aux Cimetières du Père Lachaise, de Montmartre, du Mont-Parnasse et autres, lithogr. par Lasalle. *Paris*, Chaillou, 1834, gr. in-4, liv. 1 à 16. (*Complet.*)

261. Histoire des anciennes villes de France.—Haute-Normandie, par M. L. Vitet. *Paris*, 1833, in-8, 2 v. pl. br. == Tableau des monumens, costumes et usages des Français. 1824, in-12, cart.

262. Les Recherches et antiquitez de la province de Neustrie, à présent duché de Normandie, comme des villes remarquables d'icelle, mais plus spécialement de la ville et université de Caen, par Charles de Bourgueville, sieur de Bras. *Caen*, 1833, in-8, Gr. Pap. Vél. demi-rel. d. de v. violet, non rogné. *Simier.*

263. Histoire de la Normandie sous le règne de Guillaume-le-Conquérant et de ses successeurs, par Depping. *Rouen*, Éd. Frère, 1835, in-8, 2 vol. br.

264. Souvenirs de Coucy, dessins lithographiés, par

M. de Lépinois père, accompagné d'un texte historique et descriptif. *Paris*, 1837, in-fol. planches et texte. (*Complet.*)

265. Antiquitez de la ville de Lyon, par Dom. de Colonia. *Paris*, 1702, in-12, v. br. == Dissertation sur l'état du commerce en France sous les Rois de la première race. In-12, rel. == Coup d'œil philosophique sur le règne de Saint-Louis. *Damiette*, 1786, in-8, v. br.

266. La Belgique et l'ouest de l'Allemagne en 1833, par mistriss Trollope. In-8, 2 vol. br.

267. Storia d'Italia di Fr. Guicciardini, alla miglior lezione ridotta, dal professor Giovanni Rosini. 6 vol. in-8. == Storia d'Italia continuata da quella del Guicciardini sino al 1789, di Carlo Botta. 10 vol. == Storia d'Italia dal 1789 al 1814, scritta da Carlo Botta. 4 vol. *Parigi*, Baudry, 1832, in-8, 20 vol. Pap. Vél. br.

268. Storia d'Italia continuata da quella del Guicciardini, sino al 1789, di Carlo Botta. *Parigi*, Baudry, 1832, in-18, 15 vol. br.

269. Compendio della Storia di Carlo Botta, dal 1534 sino al 1789. *Parigi*, 1834, in-12, 2 vol. br. == Sibilla Odaletta, episodio delle guerre d'Italia alla fine del secolo xv. *Parigi*, 1832, in-12, br.

270. Storia del reame di Napoli dal 1734 sino al 1825, del generale Colletta. *Parigi*, Baudry, 1835, in-8, 2 vol. br.

271. Istoria del progresso et dell'estinzione della Riforma in Italia, trad. dall'inglese di Thomas Maccrie. *Parigi*, 1835, in-8, br. == Della Felicità che gli Italiani possono procacciarsi dal governo Austriaco, de

conte Ferdinando dal Pozzo. *Parigi*, 1833, in-8, br.
= Il Figliuolo adottato, storia verissima scritta da
Gab. Piozzi. *Parigi*, 1832, in-8, br.

272. Le mie Prigioni, Memorie di Silvio Pellico. *Parigi*, Baudry, 1835, in-12, br. = Addizioni alle
mie Prigioni, da Piero Maroncelli, in-12, br.

273. Mes Prisons, Mémoires de Silvio Pellico, en trois
langues, italien, français, anglais. *Paris*, Baudry,
1837, in-8, br.

274. Examen critico de las Revoluciones de España
de 1820 a 1823 y de 1836. *Paris*, 1837, in-8,
2 vol. br.

275. Examen critique des Révolutions d'Espagne de
1820 à 1823 et de 1836, trad. de l'espagnol. *Paris*,
1837, in-8, 2 vol. br.

276. Souvenirs de Pologne, et scènes de la campagne
de 1812. *Paris*, Dufart, 1835, in-8, br. = L'Espagne, Souvenirs de 1823 et de 1833, par M. Ad.
de Bourgoing. *Paris*, 1834, in-8, br.

277. Histoire de Russie et de Pierre-le-Grand, par le
comte de Ségur. *Paris*, 1829, in-8, br. = Histoire
de Charles VIII, par M. de Ségur. *Paris*, 1835,
in-8, 2 vol. br.

278. The History of England, from the invasion of
Julius Cæsar to the revolution in 1688; by Dav.
Hume. *Paris*, Baudry, 1835, in-8, 6 vol. demi-rel.
dos de v. r. = The History of England, from the
revolution in 1688 to the death of George the second in 1760; by Tobias Smollett. *Paris*, Baudry,
1836, in-8, 4 vol. demi-rel. d. de v. r. = The History of England by Hume and Smollett continued
from the death of George II to the present time, by
T. S. Hughes. *Paris*, Baudry, 1835, in-8, 5 vol.

demi-rel. d. de v. r. le tome 5 br. ensemble 15 vol.

279. Histoire d'Angleterre depuis la première invasion des Romains, par le Doct. John Lingard; trad. par M. le chev. de Roujoux. *Paris,* 1825-37, in-8, 16 vol. et tables, br.

280. Picturesque representations of the dress and manners of the English, illustrated in fifty coloured engravings, with descriptions. *London,* Thomas M' Lean, gr. in-8, demi-rel. d. de mar. viol. tr. dor.

281. Tableau de mœurs au dixième siècle, ou la Cour et les Lois d'Howel-le-Bon, roi d'Aberfraw, de 907 à 948, suivi de cinq pièces de la langue françoise aux xi° et xiii° siècles. *Paris,* Crapelet, 1832, in-8, Gr. Pap. de Hollande, cart.

L'un des *sept* exemplaires tirés sur ce papier.

282. Le même ouvrage. In-8, Gr. Pap. Vél. cart.

283. History of the Revolution in England in 1688; by James Mackintosh. *Paris,* 1834, in-8, 2 vol. demi-rel. d. de v. r.

284. L'Angleterre en 1800. *Cologne,* 1801, 2 tom. en 1 vol. in-8, bas. = L'Angleterre au commencement du xix° siècle, par M. de Levis. *Paris,* Renouard, 1814, in-8, bas.

285. Conversations recueillies à Londres, 1807, in-8, rel. = Relation d'un voyage fait à Londres en 1814, par Phil. J. Roux. 1815, in-8, bas.

286. Panorama d'Anglet..re, et Éphémérides anglaises. *Paris,* 1816, in-8, 3 v.. fig. rel.

287. Description de Londres et de ses édifices, par Barjaud et Landon. *Paris,* Treuttel et Würtz, 1811, in-8. avec 42 pl. de vues, bas.

288. La Vérité sur l'Angleterre. *Londres,* Schulze et Dean, 1817, 2 tom. en 1 vol. in-8. = Particularités authentiques sur la mort de la princesse Charlotte et de son enfant, par M. Hoon. 1817, in-8. = Quinze jours à Londres. In-8. — Notice sur les chevaux anglais et sur les courses en Angleterre, par J. B. Huzard. In-8. — De l'Angleterre et des Anglais, par J. B. Say; et autres pièces réunies en 1 vol. in-8, bas.

289. L'Angleterre et les Anglais, par deux témoins oculaires. *Paris,* 1817, in-8, 3 vol. rel.

290. Souvenirs de Brighton, de Londres et de Paris, par madame Simons-Candeille. 1818, in-8, cart. = Lettres sur l'Angleterre, en 1817 et 1818. *Paris,* 1819, in-8, cart.

291. Londres en 1819. *Paris,* 1820, in-8, cart. = Tableau de la Grande-Bretagne, par le général Sarrazin. *Paris,* Didot l'aîné, 1816, in-8, cart.

292. Histoire critique et raisonnée de la situation de l'Angleterre, par M. de Montvéran. *Paris,* Barrois, 1819, in-8, 3 vol. cart.

293. Voyage de S. M. la Reine d'Angleterre et du Baron Pergami. *Paris,* 1821, in-8, br. et autres pièces.

294. Londres, la Cour et les provinces d'Angleterre, d'Écosse et d'Irlande. *Paris,* 1816, in-8, 2 vol. bas. = L'Angleterre vue à Londres et dans ses provinces, par le général Pillet. *Paris,* 1815, in-8, bas.

295. Londres en 1821. = Londres en 1822. *Paris,* 1822, in-8, 2 vol. br.

296. L'Angleterre et les Anglais, par Bulwer. *Paris,* 1833, in-8, 2 vol. br. = L'Excellenza, ou les Soirs au Lido, par Roger de Beauvoir. *Paris,* 1833, in-8, br.

297. The American in England, by the author of « A year in Spain ». *Paris,* 1836, in-8, demi-rel. d. de v. r.

298. Great Britain illustrated: a series of original views from drawings by William Westall, with descriptions by Thomas Moule. *London,* Charles Tilt, 1830, in-4, demi-rel. d. de mar. vert, non rogné.

299. Cornwall illustrated in a series of views of castles, seats of the nobility, towns, public buildings, churches, antiquities, etc. engraved on steel. *London,* Fisher, 1831, in-4, demi-rel. anglaise, tr. dor.

300. Devonshire illustrated in a series of views of cities, towns, public buildings, streets, docks, churches, antiquities, abbays, picturesque scenery, castles, seats of nobility, etc., etc. *London,* Fisher, 1832, in-4, avec 47 planches représentant 94 sujets; demi-rel. anglaise, tr. dor.

301. Lancashire illustrated, from original drawings, with historical and topographical descriptions. *London,* Fisher, 1832, in-4, avec un grand nombre de planches; demi-rel. anglaise, tr. dor.

302. Rise and fall of the Irish nation, by sir Jonah Barrington. *Paris,* 1833, gr. in-8, port. br.

303. Vues pittoresques de l'Inde, de la Chine, et des bords de la mer Rouge, dessinées sur les esquisses originales du commodore Robert Elliot. *Londres,* Fisher, in-4, 2 vol. demi-rel. anglaise, tr. dor.

Antiquités, Histoire littéraire, Bibliographie et Biographie.

304. De la Rareté et du Prix des Médailles romaines, par T. E. Mionnet. *Paris,* De Bure, 1827, in-8, 2 vol. fig. br.

305. Recherches sur les Sources antiques de la Littérature française, par J. Berger de Xivrey. *Paris*, 1829, in-8, br.

306. Bibliothèque françoise, ou Histoire de la Littérature françoise, par l'abbé Goujet. *Paris*, Mariette, 1741-1756, in-12, 18 vol. v. rac.

307. Essai sur l'Histoire littéraire du moyen-âge, par Charpentier. *Paris*, 1835, in-8, br. = Histoire abrégée du moyen-âge, par M. H. Engelhardt. *Strasbourg*, 1836, in-8, br. = Remarques crit. et littér. sur quelques Locutions, Proverbes et Dictons du moyen-âge. *Paris*, Crapelet, 1831, in-8, br.

308. Essais historiques sur les Bardes, les Jongleurs et les Trouvères Normands et Anglo-Normands, suivis de pièces de Malherbe qu'on ne trouve dans aucune édition de ses OEuvres; par M. l'abbé de La Rue, *Caen*, 1834, in-8, 3 vol. Gr. Pap. Vél. demi-rel. d. de v. fauve. *Simier*.

309. Histoire critique de la Littérature anglaise, depuis Bacon, par M. S. Mézières. *Paris*, Baudry, 1824, in-8, br.

310. Questions de Littérature légale, du Plagiat, de la Supposition d'auteurs, des Supercheries qui ont rapport aux livres; par Ch. Nodier. *Paris*, Crapelet, 1828, in-8, Gr. Pap. Vél. cart.

311. Le même ouvrage. In-8, Gr. Pap. de Hollande, br. en cart.

L'un des *douze* exemplaires tirés sur ce papier.

312. Annales typographiques, ou Notice du progrès des connaissances humaines (par MM. Morin d'Herouville et Roux). *Paris*, Vincent, années 1760 à 1763, in-12, 10 vol. v. m.

313. Revue de Paris. In-8, 1829 à 1831, 33 vol. br. (*complet.*)

Il y a plusieurs numéros doubles.

314. Archives historiques et littéraires du nord de la France et du midi de la Belgique. *Valenciennes*, 1829, tomes 1 et 2, en 13 livr. br.

315. Le Magazine français, recueil mensuel. *Paris*, 1833-35, 18 numéros br. (*Complet.*)

316. Selections from the Edinburgh Review, comprising the best articles in that Journal. *Paris*, 1835, in-8, 4 vol. demi-rel. d. de v. vert. — Les N°s 123, 124, 125, 126 et 127, 5 vol. br.

317. Lettre trentième, concernant l'imprimerie et la librairie de Paris, trad. de l'angl. avec des notes, par G. A. Crapelet. *Paris*, 1821, in-8, Gr. Pap. Vél. cart. = Lettre neuvième, relative à la Bibliothéque publique de Rouen, trad. de l'angl. par M. Théod. Licquet. *Paris*, 1821, in-8, Gr. Pap. Vél. cart. = Lettre d'un relieur français à un bibliographe anglais, par Lesné, relieur. *Paris*, 1822, in-8, Gr. Pap. Vél. demi-rel. p. mar. rouge.

318. Dictionnaire bibliographique, historique et critique des livres rares, soit manuscrits, soit imprimés. *Paris*, Delalain, 1802, in-8, 4 vol. bas. fil.

319. The library Companion, or the young man's guide in the choice of a Library, by the Rev. T. F. Dibdin. *London*, Harding, 1824, in-8, cart.

320. A Bibliographical, antiquarian, and picturesque tour in France and Germany, by the Rev. Tho. Frognall Dibdin. *London*, printed by W. Bulmer, 1821, in-8, 3 vol. Gr. Pap. Vél. avec un grand nombre de planches et portraits gravés, demi-rel. d. de cuir de Russie. *Purgold.*

321. Voyage bibliographique, archéologique et pittoresque en France, par le Rév. Th. Frognall Dibdin, trad. de l'angl. avec des notes par Th. Licquet et Crapelet. *Paris*, 1825, in-8, 4 vol. fig. et fac-simile, demi-rel. d. de mar. citron. Papier de paille.

L'un des *trois* exemplaires imprimés sur papier pure paille, d'une grande blancheur. Cet exemplaire est le N° 2, suivant la note ms. signée de l'Éditeur.

322. Le même ouvrage. In-8, 4 vol. Gr. Pap. Vél. avec fig. et fac-simile, demi-rel. d. de mar. vert. *Purgold*.

323. Annales de l'Imprimerie des Alde, par M. Renouard. *Paris*, Renouard, 1825, in-8, 3 vol. Gr. Pap. Vél. demi-rel. d. de mar. r. non rogné. *Hering*.

324. Bibliothéque protypographique, ou Librairie des fils du roi Jean. *Paris*, Treuttel et Würtz, 1830, in-4, fig. br.

325. Inventaire ou Catalogue des livres de l'ancienne Bibliothéque du Louvre, fait en 1373 par Gilles Mallet, avec des notes historiques et critiques (par Van Praet). *Paris*, De Bure frères, 1836, in-8, fac-simile, Gr. Pap. Vél. demi-rel. d. de v. rouge. *Simier*.

Tiré à très petit nombre sur ce papier.

326. Catalogue des Livres imprimés sur VÉLIN, avec date, depuis 1457 jusqu'en 1472 (par Van Praet). *Paris*, 1805, 2 parties en un vol. Gr. in-fol. de 544 pages, demi-rel. d. de mar. vert, non rogné.

Cet exemplaire est le seul qui ait encore paru, et qui verra le jour, l'édition n'ayant pas été mise dans le commerce, et étant détruite maintenant. En regard du Frontispice est imprimée la note suivante : « Ce Catalogue n'a point été continué sur ce plan, et n'a « jamais été publié. Il n'en a été conservé que six exemplaires sur « papier et deux sur Vélin.»

On a joint à cet exemplaire les cinq premières feuilles d'un premier *Essai* antérieur du même Auteur, daté de 1805.

327. Catalogue des Livres imprimés sur VÉLIN de la Bibliothéque du Roi (par Van Praet). *Paris*, De Bure, 1822, in-8, 4 vol. br.

328. Catalogue des livres imprimés sur VÉLIN de la Bibliothéque du Roi, (par Van Praet). *Paris*, De Bure frères, 1823, et Supplément 1829, in-8, Gr. Pap. Vél. 6 tom. en 5 vol. v. rouge dent. tr. dor. = Catalogue de Livres imprimés sur VÉLIN qui se trouvent dans des Bibliothéques tant publiques que particulières, pour servir de suite au Catalogue des Livres sur VÉLIN de la Bibliothéque du Roi, (par Van Praet). *Paris*, De Bure frères, 1824, et Supplément 1829, in-8, Gr. Pap. Vél. 4 vol. v. rouge dent. tr. d. Les neuf volumes sont reliés uniformément.

On lit la note suivante manuscrite en tête du premier volume, sur un feuillet séparé.

« *Trente* exemplaires Jésus vélin ont été tirés de cet ouvrage. « Des trente exemplaires *vingt-neuf* ont été gâtés de moisissure « par le contact de murs nouvellement réparés chez l'assembleur. « Cet exemplaire se trouve le seul intact parce qu'il a été réservé « par l'imprimeur. »

329. Galerie française de femmes célèbres par leurs talens, leur rang ou leur beauté. Portraits en pied de soixante-dix personnages, fig. coloriées, *Paris*, 1827, gr. in-4, demi-rel. d. de v. ant.

330. Notice sur la vie et les écrits de Robert Wace, poète normand du XIIe siècle, suivie de citations extraites de ses ouvrages, pour servir à l'histoire de Normandie, par Fréd. Pluquet. *Rouen*, J. Frère, 1824, gr. in-8, demi-rel. d. de mar. bleu.

L'un des *deux* exemplaires imprimés sur VÉLIN.

331. Essai sur la vie, les écrits et les opinions de M. de Malesherbes, par le comte de Boissy-d'Anglas. *Paris*, Treuttel et Würtz, in-8, 3 vol. br.

332. Études morales et littéraires sur la personne et les écrits de Ducis, par On. Leroy. *Paris*, 1832, in-8, br. = Études sur les Mystères, et sur divers manuscrits de Gerson, par On. Leroy, *Paris*, 1837, in-8.

333. Contemporains étrangers, ou Recueil iconographique des étrangers les plus célèbres dans la politique, la guerre, les lettres, etc., dessinés par MM. Mauzaisse et Grevedon. *Paris*, 1826, in-fol. Liv. 1 à 7.

334. Notice sur Colard Mansion, libraire et imprimeur de la ville de Bruges en Flandre dans le xvᵉ siècle, (par Van Praet). *Paris*, De Bure frères, 1829, in-8, avec fac-simile, br. eu cart.

335. Le même ouvrage in-8, Gr. Pap. Vél. fac-simile, demi-rel. d. de v. ant.

336. Recherches sur Louis de Bruges, seigneur de la Gruthuyse (par Van Praet). *Paris*, De Bure frères, 1831, in-8, fig. br.

BOIS GRAVÉS.

337. Vingt-quatre bois gravés pour l'Histoire de Gil Blas, par M. Godard, d'après la suite de Smirke, format in-18.

La gravure de ces 24 bois a coûté plus de deux années de travail, et 3,000 fr. de dépense. Il n'en a été encore tiré qu'une seule épreuve au fumé, qui sera jointe aux bois.

L'artiste a exécuté cette suite de gravures avec une perfection et un fini auquel il paraissait impossible d'atteindre dans ce genre. Ces gravures, destinées à être imprimées par la presse typographique ordinaire, pourront être adaptées à toutes les éditions de Gil Blas quel qu'en soit le format.

DE L'IMPRIMERIE DE CRAPELET,
Rue de Vaugirard, n° 9.

www.ingramcontent.com/pod-product-compliance
Ingram Content Group UK Ltd.
Pitfield, Milton Keynes, MK11 3LW, UK
UKHW020032080726
13614UKWH00004B/1703

9 782329 076713